LA RÉVÉRENDE MÈRE

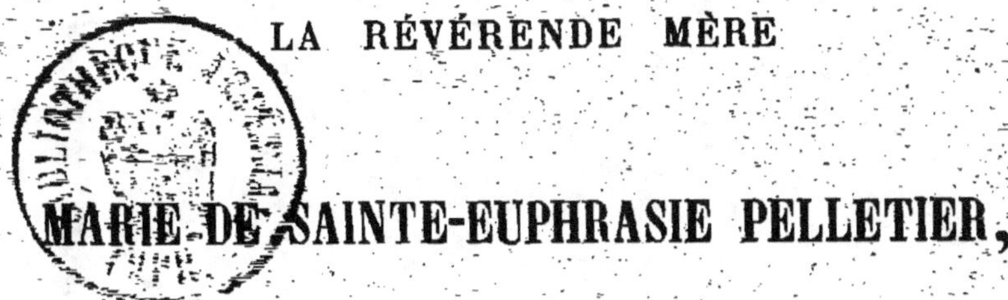

MARIE DE SAINTE-EUPHRASIE PELLETIER,

Fondatrice du Généralat du Bon-Pasteur d'Angers

et Première Supérieure Générale.

LA RÉVÉRENDE MERE

MARIE DE SAINTE - EUPHRASIE PELLETIER,

Fondatrice du Généralat du Bon - Pasteur d'Angers et Première Supérieure Générale.

———

Le Saint-Esprit, voulant célébrer l'activité religieuse et féconde du prophète Ézéchias, laissa tomber ces paroles qui furent écrites au livre des Paralipomènes : *Operatus est bonum et rectum coràm Domino Deo suo ; in universâ culturâ domûs Domini fecit et prosperatus est.* Il fit ce qui était bon, droit et vrai ; et tout ce qu'il entreprit pour le service de la maison du Seigneur lui réussit heureusement. *(II. Paralip. 31.)*

Ne peut-on pas dire avec vérité, que, comme le prophète, la vénérable et regrettée Mère Marie de Sainte-Euphrasie Pelletier, dévoua sa vie tout entière, sa vie que l'on peut bien appeler apostolique, à ce qui était bon, droit et véritable? Comme le prophète, elle a vu, dans ses quarante années de travaux, le succès couronner toujours ses grandes et saintes entreprises, parce qu'elle a eu la charité en partage.

Si l'amour seul de la maison du Seigneur ne l'avait inspirée, si ses vues avaient été moins élevées, si elle n'avait pas porté vers le ciel ses pensées et ses espérances, il eût été vrai de dire que sa longue carrière lui a permis d'assister vivante à sa gloire; car elle a vu son œuvre grandir et s'étendre au-delà de toutes les prévisions humaines. Mais foulant aux pieds ces mesquines et passagères vanités du monde, dans son désir, dans sa soif ardente du bien, elle regardait non ce qui était déjà fait, mais bien ce que son amour pour Dieu, sa grande charité pour le prochain pouvaient faire encore. Les yeux fixés sur les plages les plus lointaines, elle ne voyait que la brebis égarée, et sa charité lui offrait un doux et pieux asile.

Riches de leur présent, plus riches encore de leur avenir, les nombreux établissements que sa main charitable a fondés dans tous les pays du monde sont plus éloquents que tout ce que l'on pourrait dire de cette femme privilégiée, de cette servante du Christ qui vient de descendre dans la tombe. Oui, on peut le répéter avec nos livres saints : « *Elle sera la gloire de ses enfants; ses œuvres la loueront toujours.* » Son nom sera béni par les nations, elle sera une des gloires les plus sereines de l'Anjou et sa page dans l'histoire de l'Église sera belle et glorieuse.

Une île battue par les flots de l'Océan, Noirmoutier, de cette noble et héroïque terre de la Vendée, fut le berceau de Marie de Sainte-Euphrasie Pelletier.

Une époque tristement mémorable venait de se lever pour la France. L'Église persécutée revoyait le siècle des Tibère et des Néron ; le sang des martyrs avait rougi la catholique terre de France.

Dans ces jours néfastes, le clergé, violemment arraché du sol de la patrie, avait pris le chemin de l'exil. C'est pendant ces terribles commotions que naissait, le 31 juillet 1796, une enfant à qui Dieu réservait une grande et noble mission.

Les églises étaient encore fermées; un prêtre, s'échappant de sa mystérieuse retraite, baptisa secrètement cette enfant qui reçut les noms de Rose-Virginie.

Son père, l'honorable docteur Pelletier et sa pieuse mère, Anne Mourin, qu'elle perdit tous les deux bien jeune encore, lui léguèrent cette tendre charité qui la fit aimer de Dieu et des hommes.

Élevée sur les rivages de l'Océan, Mlle Pelletier s'accoutuma de bonne heure à ces majestueux spectacles : ce fut là, sans doute, qu'elle s'inspira des belles et nobles comparaisons dont elle aimait à se servir lorsqu'elle s'adressait à ses religieuses. On peut bien le dire en passant, ces grands effets de la nature élargissent les idées et élèvent l'âme vers Dieu. David, ravi d'admiration à la vue de ces magnifiques spectacles, s'écriait : *Mirabiles elationes maris.* « Les soulèvements de la mer sont admirables. »

Confiée à un des meilleurs pensionnats de la ville de Tours, la jeune Rose-Virginie Pelletier eut pour institutrice la vertueuse Mme de Lignac, qui devint plus tard Supérieure des Dames de Sainte-Ursule. Les vénérables chanoines de la cathédrale de Tours, chargés de l'instruction religieuse des élèves, ne tardèrent pas à s'apercevoir que la jeune Rose-Virginie Pelletier était douée, non-seulement d'un talent supérieur, mais encore de ce génie qui fait beaucoup de bien ou beaucoup de mal selon le souffle qui l'entraîne. Mais cette âme ardente, remplie de dévouement et de charité, écouta la voix de Dieu : aussi elle se porta vers le bien avec toute l'énergie de son âme qui avait soif de sacrifice et d'abnégation, et « *la sagesse fleurit en elle comme un raisin mûr avant le temps...* »

Non loin du pensionnat se trouvait la Communauté de Notre-Dame-de-Charité-du-Refuge. L'âme ardente de Mlle Pelletier, qui aspirait déjà à la vie du cloître, avait aperçu les blanches robes de ces religieuses, et elle s'était sentie comme instinctivement attirée vers cet ordre. Travailler au salut des âmes, courir à l'exemple de Jésus, le divin Pasteur, après la brebis égarée : cette pensée ravissait son âme grande et généreuse. Cédant à cet élan, ou plutôt obéissant à la voix douce et puissante de la grâce, elle ne veut pas attendre davantage.

Un soir, c'était le 20 octobre 1814, elle s'échappe du pensionnat, et va, humble servante, fille dévouée, frapper à la porte du monastère, demandant une faveur, celle d'être admise dans la Communauté. La Mère Marie de Saint-Joseph, alors Supérieure, crut voir dans cette démarche si instantanée la volonté de Dieu; le ciel a ses vues, la Providence ses voies. La jeune postulante fut reçue avec joie comme une envoyée du ciel, et la porte du cloître s'ouvrit devant elle. Sa joie fut de courte durée, Mlle Pelletier n'était pas libre ; jeune orpheline de dix-huit ans, elle ne pouvait légalement suivre les généreux mouvements de son cœur, son tuteur crut devoir s'opposer à sa détermination. Ce ne fut qu'après quelque temps d'une attente résignée que les obstacles furent levés ; et elle fut admise à prendre l'habit religieux le jour de la Nativité de la sainte Vierge, le 8 septembre 1815.

Au moment de la vêture, devant renoncer au nom qu'elle avait porté dans le monde, pour prendre celui de sa nouvelle et noble vie, Mlle Pelletier demanda humblement le nom de la sainte d'Avila, de Sainte-Thérèse de Jésus. Mais la digne Supérieure, pour l'éprouver sans doute, et craignant peut-être que sous le nom de la grande sainte d'Espagne, son humilité ne fût pas assez à l'abri, lui répondit que le nom de la Séraphique Réformatrice du Carmel ne lui convenait nullement, et qu'il lui fallait chercher, dans la vie des Saints, le nom le plus humble et le plus ignoré. La postulante avait compris, et imposant à son cœur ce premier sacrifice, elle revint avec le nom de Sainte-Euphrasie qui lui fut accordé. Ce nom, dont le vrai sens lui était peut-être inconnu, lui convenait parfaitement, elle dont chaque jour les lèvres laissaient tomber de si belles et de si éloquentes paroles !

Ce fut le 9 septembre 1817, que Mlle Pelletier, maintenant Marie de Sainte-Euphrasie, fit profession ; elle devint dès lors maîtresse des Pénitentes et quelques années plus tard, elle était élue Supérieure de cette maison de Tours, à la porte de laquelle, un soir, elle était venue frapper.

Appelée à Angers, en 1829, par Monsieur Breton et les principaux curés de cette ville, pour y établir un monastère, la Mère Marie de Sainte-Euphrasie vint avec quelques religieuses seulement, commencer cette maison, dont M. le comte de la Potherie de Neuville fut l'illustre bienfaiteur.

Ce n'était pas assez pour cette âme ardente et généreuse qu'une simple maison à Angers; Dieu l'avait appelée à de bien plus grandes choses, en lui inspirant l'idée d'un Généralat. En effet un Généralat élargissait les limites trop restreintes de son œuvre et procurait le salut d'un bien plus grand nombre d'âmes. Pressée par cette pensée, la Mère Marie de Sainte-Euphrasie en fit part à Mgr Montault de sainte et douce mémoire. Ce vénérable évêque, comprenant le bien qui pouvait résulter de cette érection, déposa une supplique au pied du trône Pontifical en union avec NN. SS. les Évêques de Poitiers, de Grenoble et de Metz. Ce vénérable Evêque fit tous ses efforts pour triompher de tous les obstacles, et crut, en terminant cette importante affaire, honorer la fin de sa vie, et rendre un immense service à la religion et aux hommes. De leur côté les pieux fondateurs de l'œuvre, M. le comte de Neuville, Mme la comtesse d'Andigné, la bonne Mère Marie de Sainte-Euphrasie et son assistante

Marie Chantal-de-Jésus de La Roche firent au Saint-Siége
la même demande. Il est inutile de rappeler les sollici-
tudes que se donna cette femme de Dieu pour établir ce
Généralat ; c'était vraiment l'œuvre visible de la Providence ; aussi ne tarda-t-il pas à être approuvé en 1835,
par un Bref et un Décret de Sa Sainteté Grégoire XVI ;
et la Mère Marie de Sainte-Euphrasie Pelletier fut nom-
mée Supérieure Générale.

Deux fois, pendant la durée de son Généralat, qui,
du reste, n'eut de terme que sa mort, cette bonne Mère
fit le voyage de Rome et fut reçue en audience par le
Souverain Pontife Grégoire XVI.

L'œuvre avait grandi, le grain de sénevé était devenu
un grand arbre, et cette servante du Christ avait vu son
œuvre prendre des proportions extraordinaires, gran-
dioses. Cent-dix monastères dont 32 en France, 10 en
Belgique et en Hollande, 14 en Italie dont 3 à Rome,
15 en Allemagne, 10 en Angleterre, en Irlande et en
Ecosse, 3 en Asie, 8 en Afrique, 20 dans les Amériques,
1 en Océanie, sont sortis de cette Maison-Mère d'Angers,
si humble dans son berceau, et qui compte maintenant
1,100 personnes, et 2,000 religieuses dans la Congré-
gation toute entière.

Trente-neuf ans de travaux ont suffi à ce grand déve-
loppement. Que de bien réalisé par cette femme d'é-
nergie et d'abnégation ! La Révérende Mère Marie de
Sainte-Euphrasie s'est consumée pour la gloire de Dieu
et le salut des âmes, dans sa longue et pourtant trop
courte carrière, elle a noblement combattu ; elle pou-

vait donc espérer la récompense promise par le divin Sauveur : *Qui vicerit , dabo ei sedere mecum in throno meo.*

Je n'ai point assisté aux derniers moments de cette bonne Mère ; aussi je ne dirai que deux mots de sa mort si édifiante. C'est à vous, nobles filles du Bon-Pasteur, qui étiez là, qui avez recueilli de ses lèvres mourantes ses dernières paroles et ses derniers enseignements , c'est à vous de nous en parler. Vous qui, à travers vos larmes, avez vu se terminer cette noble existence , vous nous direz sa vie, ses œuvres, son dévouement , les exemples de vertu qu'elle vous a légués comme un pieux héritage. Oui, c'est un héritage placé sous la double sauvegarde de votre piété et de votre affection , et vous le transmettrez fidèlement aux générations du Bon-Pasteur qui vous succèderont et qui, à leur tour , la proclameront leur Mère.

Depuis plus de trois mois, la digne et vénérée Supérieure du Bon-Pasteur, usée par ses grands travaux, souffrait davantage ; sa santé s'altérait visiblement. N'écoutant que l'énergie de son âme si fortement, si virilement trempée, elle luttait contre le mal sans pouvoir le vaincre ; mais le courage a ses limites et la nature épuisée réclame ses droits ; le mal était sans remède et l'art devenait impuissant. Chaque jour la vie s'affaiblissait et la mort accomplissait son œuvre avec une cruelle lenteur.

En face de la mort qui allait la frapper, de la mort qu'elle n'avait pu regarder en face , la Révérende Mère

Marie de Sainte-Euphrasie vit s'évanouir ses alarmes ;
elle l'attendit de pied ferme comme un soldat blessé,
mais non vaincu, qui expire dans les plis de son dra-
peau. Cette crainte de la mort, que l'on rencontre sou-
vent dans les âmes chrétiennes les plus énergiques, non,
ce n'est pas de la faiblesse, c'est plutôt une grâce de
Dieu ; elle fait éviter bien des fautes. Mais au seuil de
l'éternité, à travers les clartés divines qui apparaissent
déjà, cette crainte de la mort s'évanouit pour faire place
à l'espérance et à l'amour.

La veille du dimanche des Rameaux (4 avril), la
Révérende Mère, qui sentait bien que sa fin approchait,
demanda à être administrée. Avant de recevoir le Dieu
qui avait été sa force pendant la vie, et qui devait la con-
duire dans l'éternité, elle veut renouveler, une fois encore, les vœux faits à Dieu aux jours de sa jeunesse ;
puis elle demande pardon à ses filles bien-aimées, elle
qui, pendant quarante ans, n'avait fait que les édifier ;
puis, d'une voix ferme, elle prononce ces paroles, ex-
pressions de sa foi : « Je déclare mourir fille de l'Église
Catholique, Apostolique et Romaine. »

S'adressant de nouveau à ses chères filles fondant en
larmes, elle leur recommande l'Institut, l'Œuvre entière
du Bon-Pasteur et leur inviolable attachement à la
Sainte Église.

Pendant sa longue maladie, où presque chaque jour
elle recevait son bien-aimé, le Dieu de son cœur, elle
fut calme et résignée, conservant toujours la vigueur de
son intelligence. Dans ces jours d'épreuve, elle fut sin-

gulièrement consolée par les témoignages d'affection qui lui furent adressés. Le Souverain Pontife Pie IX, qui s'est occupé d'une manière si particulière de l'Œuvre du Bon-Pasteur, lui envoya par un télégramme la bénédiction Apostolique. Le digne et vénéré Évêque d'Angers alla en personne la visiter sur son lit de souffrance, accompagné de ses deux vicaires généraux, M. l'Abbé Bompois et M. l'Abbé Chesneau. NN. SS. les Archevêques et Évêques de Cambrai, d'Aix, de Westminster, d'Orléans, de Poitiers, d'Arras et le Révérendissime dom Guéranger, Abbé de Solesmes, lui envoyèrent leur bénédiction.

Le suprême moment était arrivé, elle avait fait ses adieux à ses Filles, à son cher Institut; puis se recueillant comme pour faire à Dieu son dernier sacrifice, elle entra en agonie. Ses yeux, qui ne devaient plus se rouvrir qu'aux clartés célestes, se fermèrent, et le vendredi soir 24 avril, presque la veille de la fête du Bon-Basteur, elle s'endormit dans le Seigneur.

Elle passa, sans le moindre effort visible, des souffrances de la terre aux éternelles joies du ciel. Laissant une famille en pleurs, elle s'en alla célébrer dans la cité sainte, avec tant d'enfants qui attendaient leur Mère, l'éternelle fête du Bon Pasteur.

L'ABBÉ O. BARILLER,

Au Petit-Séminaire Mongazon, à Angers.

Nous ajoutons à cette courte notice quelques réflexions inspirées par la douloureuse et touchante cérémonie funèbre, qui a eu lieu dans la chapelle du Bon-Pasteur, le 27 avril 1868, publiées par le journal l'*Union de l'Ouèst*.

« Une grande et illustre vie vient de s'éteindre ; un personnage, qui sera une des gloires les plus sereines de notre Anjou, qui aura une belle page dans l'histoire de l'Église, vient de descendre dans la tombe, mais son nom vivra, sa mémoire sera bénie par les nations, car les nations lui doivent de signalés bienfaits.

» Marie de Sainte-Euphrasie Pelletier, Fondatrice et Supérieure Générale du Bon-Pasteur d'Angers, a rendu à Dieu son âme, riche de bonnes œuvres, féconde en grandes actions.

» Quand la mort vient mettre sur un noble front sa consécration suprême, c'est alors que les actions de cette personne, que sa vie toute entière apparaissent sous leur véritable jour. L'œuvre est close et la postérité commence ; ici, l'œuvre se continue, car les œuvres de Jésus-Christ ne meurent pas, et la postérité admirera.

» Ce n'est pas à moi qu'il appartient de rappeler les pieux labeurs de cette femme privilégiée, de raconter cette vie si bien remplie ; non , je veux seulement sur cette tombe prête à se refermer , déposer nos profonds regrets , nos souvenirs d'admiration , les témoignages de la reconnaissance des catholiques , et dire un mot de cette cérémonie funèbre dont j'ai été vivement touché.

» Après les trois nocturnes chantés à la chapelle du Bon-Pasteur , la grille du monastère s'est ouverte , un clergé nombreux, auquel était venue se joindre une députation de tous les ordres religieux de notre cité, traversa processionnellement le chœur du monastère en chantant le *Miserere*.

» Puis, parcourant les cloîtres longs et silencieux du couvent, le clergé arriva dans la salle du chapitre transformée en chapelle ardente. C'est là que reposaient, sur leur couche funéraire , les restes mortels de cette infatigable servante du Christ. Trois cents religieuses faisaient une garde d'honneur près de celle qui était véritablement leur mère.

» Après la cérémonie de la levée du corps, le clergé retourna à la chapelle en traversant la cour intérieure ; c'est là que je fus témoin d'un spectacle imposant. Le ciel, la veille encore si nuageux et si sombre, avait repris toute sa splendeur, et les rayons d'un soleil brillant comme l'espérance venaient éclairer cette scène de deuil et de tristesse ; je me trompe , ce n'était pas de la tristesse, mais une grande douleur tempérée par la résignation chrétienne. Marie de Sainte-Euphrasie, déposée dans son cercueil ouvert, en traversant pour la dernière fois ce jardin d'honneur où elle avait vu naître, grandir et se multiplier sa famille bien-aimée, ressemblait non pas à l'homme vaincu et terrassé par la mort, mais à un apôtre qui a vaillamment combattu et qui reçoit la récompense de ses travaux.

» Le soleil, en venant pour la dernière fois réfléter ses rayons sur ce noble visage où la mort en passant avait imprimé sa majesté, lui donnait une beauté nouvelle, une beauté vraiment céleste. Les fleurs naturelles qui ornaient et embellissaient la couche funéraire étaient bien l'image de ses vertus. Ses lèvres semblaient murmurer encore une dernière prière ; ses mains jointes tenaient avec amour les vœux qu'elle avait faits à son Dieu, à son époux ; elle avait voulu y être fidèle jusqu'au-delà de la tombe. Ses pieds qui avaient toujours marché dans les voies droites du Seigneur étaient nus ; on pouvait avec vérité leur appliquer ces paroles de nos livres saints : *Quàm pulchri pedes evangelizantium pacem, evangelizantium bona !!!* Oui, ils étaient beaux ces pieds qui avaient couru après la brebis égarée ; car, sur quelle plage lointaine n'avait-elle pas porté la bonne nouvelle en établissant les grandes œuvres que sait enfanter le christianisme ? Si parfois elle a été obligée de secouer la poussière de ses sandales dans les pays qui ne voulaient pas de sa charité, elle a du moins toujours montré un courage supérieur aux obstacles, et nulle épreuve, nulle blessure n'a pu la détourner de ce chemin du dévouement et de la vertu, où les fleurs sont si rares et les épines si nombreuses.

»Ses généreuses filles, venues de tous les pays, parlant toutes les langues, étaient là, silencieuses, comme il convient à une grande douleur chrétienne : elles étaient là, comme une noble phalange, pressées autour du cercueil et demandant une bénédiction suprême à celle qui fut en ce monde leur appui, leur guide et leur mère. Qu'il était beau de les voir ainsi, ces filles de l'abnégation et du sacrifice, debout, résignées ! Des larmes abondantes, des soupirs étouffés trahissaient les sentiments de leur cœur ; elles pleuraient, non comme ceux qui n'ont plus d'espérance, c'étaient les larmes du départ, les larmes des adieux, mais non d'une séparation sans retour.

» Le clergé rentra à la chapelle et le corps fut déposé dans le chœur du monastère, sur une estrade simple et modeste.

» Après le chant des *Laudes*, on commença la messe, et au chœur on entonna : *Requiem æternam dona eis, Domine !* Oui, elle l'a bien mérité cet éternel repos, car elle a noblement combattu, elle peut recevoir la récompense, la couronne promise après de si glorieux travaux. *Lux perpetua luceat eis !* Que la lumière éternelle l'éclaire de ses splendides rayons, car elle a eu la charité en partage !

» La messe terminée, la grille s'ouvrit de nouveau, le moment suprême, solennel était arrivé ; le chœur entonna les adieux, tels que l'Église sait les faire quand elle conduit ses enfants à leur dernière demeure, touchants, pleins d'espérance : *In paradisum deducant te Angeli : in tuo adventu suscipiant te Martyres, et perducant te in*

civitatem sanctam Jerusalem. Chorus Angelorum te sus-
cipiat, et cum Lazaro quondam paupere œternam habeas
requiem. Que les Anges vous conduisent dans le paradis ;
qu'à votre arrivée les Martyrs vous reçoivent et vous
emmènent dans la cité sainte de Jérusalem. Que le chœur
des Anges vous reçoive, et puissiez-vous goûter avec
Lazare, autrefois pauvre, l'éternel repos !!!

» Le corps toujours découvert et orné de fleurs, fut
conduit dans une petite chapelle de la clôture, où avait
été creusé un caveau ; c'est là que cette bonne Mère
reçut les derniers adieux de ses filles bien-aimées ;
spectacle saisissant et consolant tout à la fois, où
l'espérance fait place à la douleur.

» Consolez-vous, généreuses filles du Bon-Pasteur, si
votre Mère est descendue dans la tombe, elle laisse après
elle une famille nombreuse ; une grande œuvre de charité : si sa mission, que l'on peut bien appeler apostolique, n'a duré que quarante ans, elle a accompli de
grandes choses, elle a fourni une longue carrière, *ex-*
plevit tempora multa. Le grain de sénevé est devenu un
grand arbre, et les oiseaux du ciel sont venus et
viendront encore se reposer sous ses doux et frais om-
brages.

» L'abbé O. BARILLER,

Au Petit-Séminaire Mongazon, à Angers. »

Imp. de Lainé frères 5-68

www.ingramcontent.com/pod-product-compliance
Lightning Source LLC
Chambersburg PA
CBHW050725070726
47597CB00009B/3786